J Sp
Nels... ...stin L.
Camionetas gigantes

$22.60
ocm64594345
03/30/2007

CAMIONETAS GIGANTES

por Kristin L. Nelson
fotografías por David y Beverly Huntoon

ediciones Lerner • Minneapolis

Traducción al español: copyright © 2007 por ediciones Lerner
Título original: *Monster Trucks*
Texto: copyright © 2003 por Kristin L. Nelson
Fotografías: copyright © 2003 por David y Beverly Huntoon
Ilustración de la pág. 29 por Laura Westlund, © Independent Picture Service

La edición en español fue realizada por un equipo de traductores nativos de español de
translations.com, empresa mundial dedicada a la traducción.

ediciones Lerner
Una división de Lerner Publishing Group
241 First Avenue North
Minneapolis, MN 55401 EUA

Dirección de Internet: www.lernerbooks.com

Library of Congress Cataloging-in-Publication Data

Nelson, Kristin L.
 [Monster trucks. Spanish]
 Camionetas gigantes / por Kristin L. Nelson ;
fotografías por David y Beverly Huntoon.
  p. cm. – (Libros para avanzar)
 Includes index.
 ISBN-13: 978-0-8225-6227-6 (lib. bdg. : alk. paper)
 ISBN-10: 0-8225-6227-8 (lib. bdg.)
 1. Truck racing–Juvenile literature. 2. Monster trucks–
Juvenile literature. I. Title. II. Series.
GV1034.996.N4518 2007
796.7–dc22   2006007872

Fabricado en los Estados Unidos de América
1 2 3 4 5 6 – JR – 12 11 10 09 08 07

¿Qué hace que esta camioneta sea distinta de otras?

Ésta es una camioneta gigante. Las camionetas gigantes vuelan por el aire en los espectáculos de camionetas gigantes.

Aplastan autos.

Hacen carreras en el lodo.

Son enormes y de aspecto malvado,
¡como un monstruo!

Las camionetas gigantes tienen
neumáticos gigantes. Los neumáticos
de esta camioneta son tan grandes que
podrías estar de pie dentro de ellos.

Los neumáticos de las camionetas gigantes tienen **bandas de rodadura** gruesas. Las bandas de rodadura les permiten tener tracción en la pista de tierra y no patinar.

Las ruedas gigantes están unidas a un
bastidor. El bastidor une las ruedas y la
carrocería. Esta camioneta gigante tiene
un bastidor rojo y una carrocería colorida.

El conductor viaja arriba en la carrocería, en la cabina.

Algunas camionetas gigantes tienen carrocerías especiales. ¡Esta ruda camioneta tiene músculos!

Observa esta camioneta. Se llama
Mordida de Serpiente. Observa su
carrocería. ¿Por qué se llama así?

¡BRUM, BRUM, BRUM! Las camionetas
gigantes hacen más ruido que otras
camionetas.

Las camionetas gigantes tienen un **motor** muy ruidoso. El motor le da potencia y velocidad a la camioneta.

Las camionetas gigantes exhiben su poder en espectáculos de camionetas gigantes.

¡CRUNCH! Esta camioneta aplasta
autos con sus cuatro ruedas gigantes.

Esta camioneta vuela por el aire.

Esta camioneta se levanta sobre las ruedas traseras. Está haciendo **caballitos**.

Esta camioneta participa en una competencia de **atolladero de lodo**. El ganador es el que llega más lejos en el lodo espeso.

Estas dos camionetas gigantes compiten en una carrera alrededor de la pista.

Las camionetas suben una rampa
empinada durante la carrera. Después
vuelan sobre una fila de autos. ¿Dónde
aterrizan?

Esta camioneta aterriza en una rampa
que baja hasta el suelo. La mayoría de
las camionetas gigantes aterrizan sin
problemas sobre las cuatro ruedas.

¡Ay! Esta camioneta gigante se ha volcado. ¿Está bien el conductor?

¡Sí! Fuertes barras de metal, la **jaula de seguridad**, evitan que el conductor sea aplastado. La jaula rodea la parte superior de la cabina.

Los conductores usan cinturones de
seguridad y también un casco para
protección. ¿Cuándo usas el cinturón de
seguridad o el casco?

¡Mira! El conductor de esta camioneta gigante ha terminado la carrera sin problemas. ¡Es el ganador!

Datos sobre las camionetas gigantes

- Hay dos camionetas gigantes que tienen ruedas extragrandes. Los neumáticos miden 10 pies (3 metros) de altura. ¡Tienen la altura de un aro de básquetbol!

- ¿Qué pasaría si una camioneta gigante se metiera en un lago? ¡Los neumáticos gigantes contienen tanto aire que la camioneta flotaría!

- Algunas camionetas gigantes tienen el piso transparente. El conductor puede ver las ruedas y la pista que están debajo.

- La mayoría de las camionetas gigantes no tienen faros reales. Los faros están pintados en la carrocería de la camioneta. Los faros reales son muy pesados y harían que la camioneta fuera más lenta.

Partes de una camioneta gigante

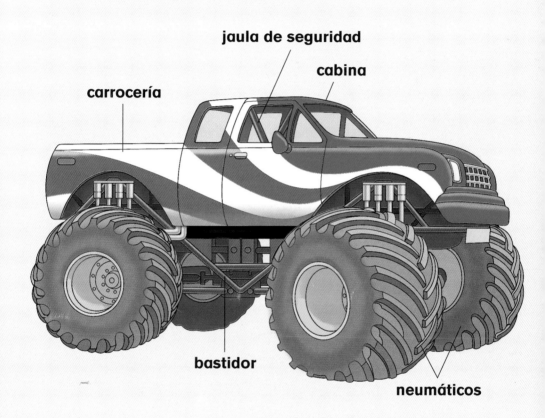

jaula de seguridad

cabina

carrocería

bastidor

neumáticos

Glosario

atolladero de lodo: prueba en la que dos camionetas gigantes corren por un lodo espeso

banda de rodadura: partes en relieve de un neumático que sirven para tener tracción en el suelo y no patinar

bastidor: parte de la camioneta gigante que une las partes principales, como la carrocería, las ruedas y el motor

caballitos: movimiento que hacen las camionetas gigantes. Es cuando se paran en las ruedas traseras.

carrocería: parte principal de una camioneta gigante

jaula de seguridad: barras que protegen al conductor de la camioneta gigante si ésta vuelca

motor: parte de la camioneta gigante que le da potencia para moverse

Índice

Acerca de la autora

A Kristin L. Nelson le encanta escribir libros para niños. Además de las camionetas gigantes, ha escrito libros sobre tractores agrícolas y sobre muchos animales para la serie *Libros para avanzar,* de Lerner. Cuando no está trabajando en un libro, Kristin disfruta de leer, caminar y estar con su hijo, Ethan, y su esposo, Bob. Vive con su familia en Savage, Minnesota.